L'ENVOL

Capucine Magy

L'Envol

© 2021 Capucine Magy

Édition : BoD – Books on Demand, 12/14 rond-point des Champs-Élysées, 75008 Paris

Impression : BoD – Books on Demand, Norderstedt, Allemagne

ISBN : 9782322200535

Dépôt légal : novembre 2021

Le plus bel achèvement de la création est la transmission de celle-ci. J'arrive aujourd'hui à cette finalité ou à ce beau départ, c'est un cycle après tout. Il me faut remercier beaucoup de personnes qui m'ont aidé à construire ce premier projet. Il me faudrait des pages avec des "merci" à l'infini.
Merci de m'avoir, toujours, poussée à créer, sous de nouvelles formes, avec de nouveaux mots, suivant mes règles, à moi. Merci pour chaque moment que vous avez pris pour l'artiste désillusionnée que j'étais, lorsque la réalité rattrapait la naïveté de la débutante. Merci pour chaque regard que vous posez sur moi, votre bienveillance et votre force ont constamment nourri mon écriture et mon petit cœur.
Merci, de tout mon cœur, à chacun.e, vous vous reconnaitrez sûrement.

Alors,
à toi Mado, la première poétesse de ma vie, je te promets, la vie a toujours été belle

depuis et grâce à toi.

Préface(s)

préface, subst. fém.
1. Texte placé en tête d'un ouvrage pour le présenter et le recommander au lecteur, en préciser éventuellement les intentions ou développer des idées plus générales.
2. Petit discours d'introduction, entrée en matière que l'on fait ou écrit à quelqu'un pour l'informer de ses intentions ou pour le disposer favorablement à l'égard d'une personne ou d'un événement.
3. Laisser ses amis parler de soi. C'est encore moins objectif que si c'était moi, lecteur.ice, qui te parlais. Ils m'aiment mieux et plus que je m'aime, c'est sûr. Ils m'ont tellement aidé, malheureusement, ils ne sont pas tous là. Découvrira-tu les autres au travers des pages ? Alors voilà, je te laisse découvrir leur préface. Pour lire une critique neutre, je te conseille internet car ce qui suit, ne l'est en aucun cas.

" Blonde chevelure voguant dans l'air marin Corse, son pays de cœur, l'origine de notre rencontre. Voilà mes premiers souvenirs de l'enfant alors innocent mais déjà si sensible et décidé. Petit être touché par la beauté de la nature, vouant une dévotion sans nom pour les rivages de son enfance. La même dévotion entretenue dans ses amitiés, dans la nôtre, à laquelle elle donne une touche si particulière et si personnelle.
Ici, c'est au travers de sa poésie intime et féministe que Capucine nous livre une partie de sa vie, un regard évolutif sur son parcours de jeune femme au combat quotidien.
Elle cherche les mots pour s'exprimer, se raconter, les mots pour s'envoler."
Inès

" Un Jour, en classe (tête en l'air comme toujours, à des kilomètres du cours), j'ai par inadvertance posé mon regard sur les feuilles de ma voisine de table. Je ne la connaissais pas vraiment et je n'était pas quelqu'un de très bavard. Sur ces feuilles se trouvaient des poèmes, de très beaux poèmes qui m'ont touchés. Alors en dépit de ma timidité j'ai décidé de discuter avec cette voisine de table… Aujourd'hui c'est une amie qui m'est très chère et quelques-uns de ces poèmes sont dans ce livre. "
Maxime

" À une amie formidable, à un recueil rempli d'émotions, à cette incroyable aventure qui s'en découle. C'est avec plaisir, émerveillement et fierté qu'on rentre dans l'univers créé par le livre. Je te remercie toi, l'amie incroyable et l'autrice en devenir que tu es. Tu as et tu auras toujours mon soutien, notamment pour ce périple littéraire. "
Laura

" Ce recueil c'est une jeune femme qui se dénude sous vos yeux, au fil des lignes elle nous dévoile des cicatrices cachées, plus loin, les recoins sombres de son âme, encore inavoués, si vous décidez de prendre sa main, le temps d'un poème, le temps d'un secret.
Elle vous ouvre son monde, ses amours, ses ami.es, ses rêves et ceux déjà partis. Elle attend devant vous, fière et fragile, remplie d'espoir que vous aimiez son monde, que vous aimiez son âme. Alors j'espère qu'il vous plaira parce que qu'est-ce qu'ils sont beaux ses mots et qu'elle est belle cette femme. "
Elena

"Ma Capucine ,
J'ai chaussé mes lunettes sur le bout de mon nez, et je me suis attablée un vendredi soir , pour lire tout tes poèmes… Tes merveilleux poèmes, écrit du bout de tes doigts de génie.
Mes yeux ont parcouru les lettres , enchaîné les phrases , et au cours des lignes , mon cœur a flanché, tu es si talentueuse.
J'ai été émue, et traversée par tant d'émotions différentes, que s'en était presque apeurant. Ma Capucine , j'ai lu , j'ai vécu chacune de tes œuvres. J'ai été nostalgique, en lisant *La Chapelle*, j'ai compati et d'une certaine façon , je t'ai entre-aperçu en lisant *facettes*, j'ai eu mal quand ce fut le tour de *l'orage* , et j'ai été prise d'une panique contagieuse devant *sans titre*…
J'aimerais t'écrire une note qui te ferais ressentir les mêmes émotions, mais je ne sais pas écrire comme toi, mon amie. Alors tout ce que je peux dire , c'est que je t'admire , pour ton talent , ta passion d'écrire, ton aptitude à manier les mots pour en faire quelque chose de sacrément beau , je t'admire , pour la personne que tu es , pour ce bout de femme , à la fois dure et douce , pleine de fougue et de férocité , mais tout aussi gracieuse, et foncièrement bonne envers ses proches , je t'admire , pour cette loyauté sans faille dont tu fais preuve , je t'admire et je t'aime. Et j'ai hâte , qu'à la suite de la publication d'autres puisse t'admirer , et te voir comme je te vois. Tu es la petite fille que j'ai rencontré en maternelle , l'adolescente qui cherchait son chemin , et la femme quasi accomplie, baignée dans la lumière et le bonheur que j'ai vu pour la dernière fois.
Je te connais depuis dix sept ans maintenant, je t'appelle mon amie, ma confidente, mais au vu de la place que tu as dans mon cœur je devrais t'appeler ma sœur.
Pour moi, nul doute, tu es Pandore.
Ton Adnette

Sommaire

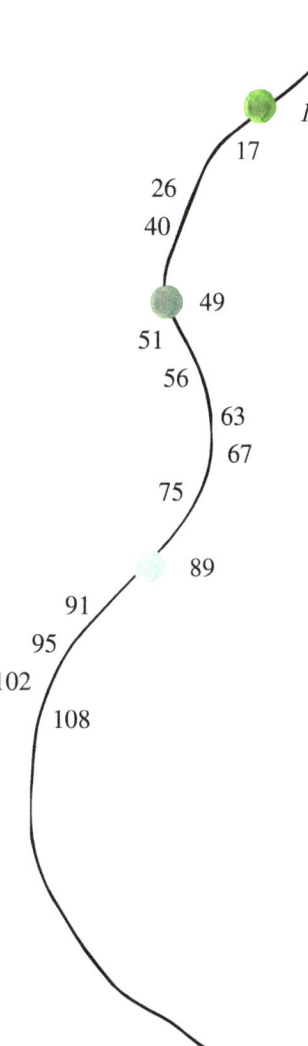

Livre Premier *À Vif* — *15*
Premier Chapitre — 17
Deuxième Chapitre — 26
Troisième Chapitre — 40

Livre Second *Les Ardeurs* — 49
Premier Chapitre — 51
Deuxième Chapitre — 56
Troisième Chapitre — 63
Quatrième Chapitre — 67
Cinquième Chapitre — 75

Livre Troisième *Suere ou L'Apprentissage* — 89
Premier Chapitre — 91
Deuxième Chapitre — 95
Troisième Chapitre — 102
Quatrième Chapitre — 108

Livre premier

À Vif

« Ce ne sont pas les choses qui parlent entre elles, mais les hommes qui parlent entre eux des choses et l'on ne peut aucunement sortir de l'homme. »

Francis Ponge, <u>Le parti pris des choses</u>

Premier Chapitre

Mon petit univers

Mon petit univers
n'est pas aussi grand,
n'est pas si puissant
que ton immense terre.
Parfois même,
il te laissera gagner
car il est trop épuisé.

Mon petit univers
a été construit, petit à petit,
comme un enfant et son château de sable
j'ai pleuré quand on l'a détruit.
Les grands agissent par jalousie,
de grandes vagues l'ont emporté
à maintes reprises,
à mains et à poings.
Et des larmes ont coulé
lorsque j'ai compris
que les adultes mentaient.
Mais tu sais,
mon petit univers
bien qu'il soit un peu bancal
et qu'il est jugé anormal
il est chouette.

Mon petit univers
est rempli de bibliothèques.
Il y a de très beaux poètes
et de ces âmes honnêtes.
Szymborska et Brassens discutent,
Schiele et Claudel dessinent dans leur coin.
J'ai croisé Pagnol, notre Provence lui manque.
Klimt s'est proposé de repeindre, si bien
que mes copain.es l'ont aidé à décorer.
Ce beau petit monde fait des propositions.
Nietzsche s'entre-tue avec ma mère à propos de l'humanité
Stendhal, Shelley et Tolstoï rêvent d'un nouveau drame à surpasser.
Kundera et Sartre parlent critique et politique
Brel et Cabrel composent de belles mélodies,
Gide m'a dit qu'il était content de sa nouvelle chambre.
Et puis mon grand-père vient de s'installer,
Il a peur de l'oubli.

Dans mon petit univers
tu peux créer à l'infini.
Tu peux même trouver la fin de l'infini.
Et si tu y arrives tu croiseras
Platon est sa vérité inaccessible
ou l'explication de Baudrillard et la symbolique de la mort
La bataille de l'extradition des morts, ils sont bien placés pour t'en parler.

Il y a une certaine mélancolie dans ce petit monde,
car nous ne sommes pas le dernier homme
et nous n'avancerons jamais seuls.
Seulement la folie et la sagesse
Ne vont de paire sans trêve
pour construire mon univers.
Il y a une certaine déraison raisonnable
dans ce petit monde,
un petit brin de détresse
un peu de sensibilité.
Jean Marais t'apprendrait comment manier l'épée.
Mes Mamies t'enseigneraient la cuisine et leurs secrets.
Mado t'inculquerait le bonheur dans chaque journée.
Barbara et Mina te chanteraient les amours inavoués,
la douce voix des chanteurs corses pourrait te bercer.

Mon petit univers,
C'est l'utopie de l'arc-en-ciel.
C'est mes pensées qui chahutent,
c'est mes pensées qui hurlent.
Mon âme et mon corps se confondent,
mes songes se réalisent en grand nombre.
Mon petit univers
est composé de sentiments,
une abondance de colère,
un soupçon d'amertume,
un excès d'amour : pour aimer ce monde.

Mon petit univers
est bien plus fort que ton grand royaume.
Finalement il est invincible, il reste indivisible.
Car lui, il est né pour vivre une éternité.
Il survivrait à la défaite de ma vie, de ma mort
Ou plutôt à ma réussite,
À mon vœu de parvenir,
il vivra après moi quand je partirai
prendre le chemin des buissonniers.

Mon petit univers
il restera gravé dans mon carnet.
Et pour un infime instant,
gravé dans quelques cœurs
effacé dans quelques heures.
Et si tu fais un peu attention, dans les rues de Paris,
entre le parc George Brassens et Montmartre,
dans les collines provençales, dans le vieux port de Marseille,
entre les immortelles et la citadelle de Calvi,
et dans toutes les villes où mon cœur
amoureux, y laissera une attache.
Tu pourras sentir mon âme qui vagabonde.
Tu pourras reprendre ces quelques lignes,
tu pourras entrer dans mon petit univers.
Car il est difficile de tuer le bonheur
mais il est aisé de te laisser entrer dans mon cœur.

Héra

Si quelqu'un m'entend
je remercie le ciel.
Si quelqu'un m'attend
ne pars pas maintenant
Il faut que ça se termine,
partir avec toi, ne pas revenir.
Si tu me laisses être à tes bras
je te donnerais tout ce qu'elle a,
celle qu'on appelle Héra.
Et puis,
je te donnerai tout ce que j'ai.
À la fin,
je veux la mort de la passion,
je veux ta dernière confession.

Si tu m'entends, toi
celle qui m'a vu naître et renaître
qui est devenu à jamais le traître,
j'essaye de te pardonner
je resterais à tes côtés, peut-être.
Il faut vraiment vivre et pas qu'une fois
cette nuit-là, je la repasse sans fin
car oui, j'ai trouvé la suite de la fin.

J'irais me coucher auprès de Rhéa,
la mère de toutes les femmes,
qui empêche la mort des âmes.
Et vu qu'elle m'accueille là,
qu'elle a choisi cet endroit,
je lui ai promis de parvenir à une vie d'espoir.
Je ne mourrais pas ce soir et ni demain soir.

Si tu m'entends,
j'irais tuer le désespoir
j'irais dans tes rêves.
On ira en plein noir
traverser les océans,
on bravera le néant.
Pour assouvir notre haine
on ira recouvrir nos peines.
J'ai plus rien à perdre,
de toute façon,
j'irais reconstruire
la montagne de souvenirs
dont ma tête peine à se souvenir.

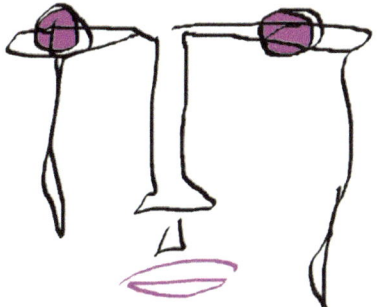

angelus custos

N'écoute pas ses mensonges
je ne suis pas partie au foyer,
je craignais juste de me noyer.
Je suis allée chercher
le bonheur ailleurs,
le monde meilleur.
Celui que tu racontais
il y a plusieurs années,
que la sagesse a pulvériser,
que le temps a détruit à coups de hache
que le vent a fait dériver au cours de tes larmes.
Le monde parfait que l'on avait attendu
avec hâte, on s'était préparé à une douce vie.
Mais notre joie avait le goût amer
d'un fatum qui avait l'air bien décidé
à décrédibiliser nos parents,
à détruire des rêves d'enfants.
La grande maison de maman
n'est devenue qu'un néant
et l'avenir, un trou béant.

Alors Camille,
je suis partie voir
les sales mirages
de visages sans âge.
Je suis partie pour croire
qu'il y avait autre chose à voir,
me persuader que mon cauchemar
pouvait avoir une fin,
pouvait prendre fin.

Deuxième Chapitre

Manon des sources

Un soir,
après une longue étreinte
tu t'es lassée, tu t'es éteinte.
Un petit bout de rien
qui était déjà grand
mais le monde des grands
ne sera jamais le tien.
Tu refuses ce monde de chiens
et tu grandiras sans les tiens.

Elle se tait, elle se saigne.
Elle est celle que l'on ne remarque pas
on n'entend plus son rire,
pourtant il y a quelques mois
on ne voyait qu'elle
je t'avais dit "tu es belle".

Elle s'efface, elle se lasse.
Elle est là, en pleurs.
Elle va mourir, sans un leurre
d'un dernier instant de bonheur.

Le fauteuil

Nous ne sommes que la poussière d'un soir.
La mort est affreuse.
La mort a de grandes dents.
Elle s'est frayé un chemin dans les yeux de mon grand-père.
À présent j'ai peur de croiser son regard,
si il partait cette nuit,
combien de remords aurais-je ?
Combien de regrets aurait-il ?
Il s'aperçoit qu'il va mourir
et c'est cette mort la plus horrible.
Je suis à deux pas de lui,
il est si proche de l'oubli,
je sens sa respiration qui faiblit
et son orgueil qui s'alourdit.

Papi vieillit, il me l'a dit et moi, je lui ai menti.
Sans jamais lui dire à quel point je l'aime,
sans jamais dire "tu vois, on est pareil".

Tu as parlé ce matin d'histoires que le monde a oubliées.
Les participants sont tous partis
Tous, là-bas, t'attendent au paradis.
Il est le personnage principal de sa vie :
il l'est devenu, petit à petit,
les autres se sont évanouis
un long monologue qu'il poursuit.

Il disait qu'il voulait mourir sans souffrir
c'était la seule chose qui comptait,
c'est la seule chose que la vie lui a donnée.
L'existence est insupportable
avec la douleur pour compagne.
Elle envahit sa vie,
sans qu'il ne puisse rien y changer
elle le détruit, lui vole son humanité.
Il me chuchote doucement qu'il ne veut pas parler aux vieux débris
et je n'ose pas lui dire, que maintenant, il est des leurs.

On ne s'est pas tout dit
On ne s'est presque rien dit
                                  dans le fond.
Il n'y a que tes yeux qui en disent long.
Il paraît que le temps est venu,
il paraît que le temps est perdu,
                                      pour toujours.

Alcools

Trembler
et ne pas réussir à faire semblant,
ses doigts frêles et maladroits
ils ne peuvent plus contrôler
sa tête qui succombe
sous la chaleur de l'alcool
et ses pas qui dérapent
sous le feu de l'alcool.
Le corps lourd peine à rester droit et fier
les yeux, eux, luisent sous la peine
ils ne pourront plus soutenir un regard.

La fiole est dans le placard
la bouteille est au garage
le cubi est derrière le tiroir.

Lui, il est saoul
saoul de sa vie
saoul de ses envies;
de ses désirs inassouvis
de ses vœux anéantis;
détruits par la vieillesse
détruits par son ivresse.

Son âme vit dans la solitude
la dégradation de son attitude
fait transparaître les ruines de sa vie,
encore visibles, déjà enfouies
comme le sera son corps
trop fragiles, trop, trop …

Elles ont été enterrées
comme ses envies
comme ses amis,
il n'est qu'un figurant parmi le décor.

La Médiation

La voix de maman
qui s'essaye doucement,
elle et ses mots enivrants.
Elle vieillit elle, l'aigrie
nous angoisse de son "bonheur".
Nous détruit par malheur
et se réfugie dans sa tour,
des briques de mensonges
ajoutées années après années.
Elle a construit une vie
autour de son ennui
elle l'endurcie avec nos pleurs.
Elle s'est trahie il y a une heure
où plus rien n'existe.
Il n'y a que sa voix,
il n'y a que son manque.
Elle me hante,
elle me semble irréelle.
Elle ne sera jamais plus la maman qui me berçait.
Elle sera pour toujours la mère qui m'a brisé.
Il y a des vagues de douleur
qui efface la couleur
de notre bonheur.

Une médiation
entre nous tous
des non-dits, des yeux ébahis
par sa cruauté.
Nous, les yeux secs et rougis
par tant de lâcheté.
Des êtres terrassés et des cœurs biaisés.
Je ne sais plus t'aimer…

Ma pauvre maman,
est ce que tu m'entends ?
Est ce que tu me laisses ?
Je suis seule et sans ton aide,
la seule qui ne veut pas paraître.
La nostalgie ne peut plus être
quand c'est toi qui arrêtes
quand c'est toi qui t'en vas.
Je ne suis pas partie
c'est toi qui t'enfuies.
Mon cœur se brise sur tes mensonges,
mon corps s'enlise dans mes songes.

La petite fleur a fané
le sol s'est craquelé,
le champ de lavande
est dans un brouillard de fumée.
Il ne reste que des cendres
le petit d'homme qui tenait la main
de son père hurle à la mort,
son cœur en lambeaux
et sa mère, au tombeau.

La voix de maman
s'efface lentement de nos mémoires,
bientôt plus de souvenirs,
j'ai déjà moins de rancœur.
Elle s'estompe avec lenteur.

Maman, vais-je réussir à te pardonner ? Maman, est-ce que tu m'aimes ?

L'âge adulte

L'âge adulte c'est
lorsque les rêves commencent à mourir,
lorsque les rires s'évanouissent à jamais.
Le néant est écouté,
car les grands ne veulent pas s'entendre
et par-dessus tout réussir à se comprendre.
Leur mélodie est un brouhaha.

Bruits des pas pressés sur le béton et les pavés.
Bruits de portes qui claquent dans les couloirs.
Bruits des voitures sur le périph, des insultes lancées à l'autre.
Comme une bouée à la mer,
on crie ses remords amers
                                      à l'autre, c'est toujours plus simple qu'à soi-même.

Bruit ! Bruit ! Bruit !

C'est trop angoissant le silence.
C'est trop gênant pour la conscience.
C'est l'obligation de réfléchir,
les adultes ne savent plus le faire.
C'est l'obligation de ne pas mentir,
les adultes ne peuvent plus le faire.

L'âge adulte,
c'est lorsque les rêves commencent à mourir.
Je me refuse à devoir vivre sans mes rêveries ;
je ne survivrai pas à l'âge adulte, comme elles
Je m'ennuie à l'âge de la sagesse, je vole de mes propres ailes.

Hirondelle

Tu as grossi les traits d'une jeune hirondelle.
Tu as déformé son sourire elle n'est plus la même.
Elle ne rêvait que d'être aussi belle que sa maman.
Mais tu l'as défiguré elle et son portrait.
Détruit l'image de l'endurcie
affaiblie la mère endormie
étourdie les rêves pourrissent…
Dans le recoin de sa chambre
sous la couette, elle chante.
Elle étouffe les cris.
Plaisir ou violence
elle fera tout pour ne pas les entendre.
Ouvrir la porte chaque soir
découvrir différents miroirs
de sa mère, elle aura peur du noir
du silence aussi, qui prévient
le danger haletant, et soudain
un cri, un coup, des pas.

Un enfant qui court dans le couloir
un corps qui tombe,
un autre cri plus perçant, puis le sien.
Étourdissant.. Est-ce vraiment elle ?
Elle ne se souvient pas, mais ses mains
se rappellent, essayant d'accrocher la moindre chose,
son corps de heurter, sa volonté faire mal
le plus vite possible, le plus fort possible.
On ne fait pas le poids,
elle n'a pas le choix
son cœur pleure et sa tête choit
cette fois-ci ce sera une défaite.

L'Hirondelle ne chante plus
Le printemps est mort dans tes bras.
Tu chantes à tue-tête
je bouche mes oreilles.
Tu cries plus fort que le vent,
je vois qu'elle ne bouge plus maman.

Dis-moi quand est-ce que tu pars?
Dis-moi quand sors-tu de ma tête?

Tu as grossi les traits
d'une jeune hirondelle.
Tu as voulu la tuer.
Je crois qu'elle s'en est sortie
elle vole au-dessus des nuages,
elle vole au-dessus des cauchemars.
Tu n'auras pas réussi à éteindre ses rêves.
Tu as bien essayé d'arracher ses ailes,
mais elles sont encore plus belles qu'avant.

Troisième Chapitre

Le ruisseau, le temps et le rêve

Rêveur qui rêve sans trêve
tu t'es noyé, cela fait des heures.
Ton cœur reste seul sans acquéreur
tu as menti, tu es parti sans dire adieu.

Rêveur qui rêve sans trêve
ne te laisse pas couler.
Rejoins-moi, sors des abîmes
reviens un peu m'aimer
Regarde-toi, tu t'abîmes.

Rêveur qui rêve sans trêve
tu peux ouvrir les yeux
laisse aller ton cœur.
As-tu vu comme c'est beau ?
Laisse-toi vivre, tu es sublime
le temps passe comme un ruisseau.
Ne t'en fais pas,
les rides sont l'eau
qui coulent sur ta peau
comme la pluie ce matin,
comme ton destin en main.

(Interlude) L'arbre de vie

J'essaye de décrire un leurre
il ne cesse de crier de douleur.
Son écorce est abîmée,
autour de lui,
comme un bruit.
Il y revient chaque soir
ses feuilles s'envolent,
mon cœur tourbillonne.

                                          Il raconte des histoires,
                                        j'y dépose mes sentiments
                                       et je l'abîme, doucement.

Il a des cicatrices
de celles qui rendent l'âme humaine.
Mais lui, il en renaît plus fort
il se répare avec des mots.
Il me dit de me dépêcher car vient l'hiver
le vent d'automne emporte les idées
et ses lettres se sentent désabusées.
Lorsque l'été nous revient,
de nouveaux oiseaux s'installent
ils me chuchotent des mots, secrètement
ils m'écoutent réciter, silencieusement.

                                            À chaque été, tout renaît
                                            c'est un tout nouveau carnet.

L'ivresse rose

L'ivresse rose,
c'est celle qui te fait oublier la prose.
C'est celle qui te fait découvrir
le secret derrière un monde si rose.

L'ivresse rose,
c'est celle qui te dit "ose"
et que de ta peine, tu es la seule cause
car tu es la seule qui te trouve morose.

L'ivresse rose,
c'est la métamorphose.
C'est la fin d'une névrose,
c'est le début de l'osmose.

L'ivresse rose,
c'est être ivre
mais virtuose.

Mon hymne

Ma vie s'écrit en prose,
les quelques rimes
deviennent mon hymne,
je hurle nos poèmes
pour oublier la haine.

Yeux dans yeux écrivons nos plus beaux mots
il nous faut encore décrire ces rires,
il nous faut encore un peu d'amour.

Ma vie s'écrit en prose,
et parfois,
je la vois même en rose.

(Interlude)

Une vie à écrire

Du long des pages
défilent les mois,
les feuilles se remplissent,
les mains sont vides d'actes.
Lister des auteurs,
        lister des œuvres,
                lister des journées,
                        lister des aimés,
                                c'est la seule chose que tu fais bien.

Du long des pages,
les corps vieillissent,
et le temps, lui, glisse.
Il est partout et nulle part
on l'a arrimé à nous tous
je suis imprégnée de tout   mais je ne vais nulle part.
Et que faire alors des heures qui s'écoulent ?
Doit-on courir toute sa vie, mais moi…. je coule
sous les divertissements qui animent la foule
sous les simulacres qui attirent vers le néant.

Du long des pages,
aucun rêve ne prends forme
aucun, ou du moins si peu,
le cœur et les mains dorment.

Du long du voyage,
je vis chaque soir,
je reste sans savoir,
ce que je ferais lorsque
la tempête s'achèvera, si tempête il y a.
Si le calme, au final, n'existe pas.

Du long du sillage,
je n'aperçois plus la fin du voyage
le moment est-il venu ? Que dois-je faire ?
                Par où commencer ?
                Si c'était déjà terminé ?
                Suis-je assez forte ? Suis-je assez grande ?
                Est-ce le moment de partir ?
Là-bas. N'importe où.
Ne serait-ce pas là.
Ai-je tout ce qu'il me faut ?
J'ai sûrement beaucoup de trop
et si peu d'essentiel.

Du long de l'ouvrage,
je me demande encore si je n'ai rien achevé,
que me faut-il,
que me manque-t-il pour être prête ?
J'attends un présage ?

L'excuse du mauvais moment.
Mais maintenant
que la majorité est arrivée,
je devrais me sentir libre
je devrais me sentir ivre du temps.

Du long de l'ouvrage,
mon temps s'est rempli de futilité
mon cœur s'est vidé, petit à petit
j'ai endormi toutes mes envies,
j'ai trouvé une excuse, l'anxiété.
Et si ce n'étais pas que ça ?
Et si j'étais lâche ? Et si j'étais fausse ?
Trompée par soi-même,
depuis la naissance
d'une vicieuse conscience
d'une affreuse ressemblance
à un beau tableau.
Un simili d'artiste,
c'est un arbre pourri par des racines mortes, détruites.
Serais-je un vide qui vit ?
Une enveloppe charnelle remplie de douloureuses idées
Sur la vie, et puis quelles idées ?

Mais du long de mes pages,
je me dis qu'après tout,
si j'étais un peu de tout ?

Beaucoup d'aspiration
avec de nombreuses romances
et des rêves qui remplissent des carnets
et des souvenirs qui emplissent la tête
tant pis si je m'en/t/ête.
Quelques désillusions
et à mon compte beaucoup de démissions,
rien de grave, le renoncement
n'est en rien un achèvement.
Je suis un peu de tout,
                beaucoup de tous.
                              Allons, j'ai une vie à écrire.

À faire des choix,
à avancer ou reculer,
à faire des escalades vertigineuses
et parfois des chutes délicieuses.
Beaucoup d'erreurs, des malheurs et par centaines des heures
où j'aimerais, à la folie, à la mort, des êtres.
Où je vais découvrir, toujours
où je vais rire, c'est sûr
où je vais choir
c'est parfois mieux que de réussir.
J'ai une vie pour apprendre
ce que je veux faire de celle-ci.

Livre Second

Les Ardeurs

« Il ricordo mente : rende belle delle cose che non lo erano ;
perché la vita altrimenti sarebbe insostenibile. »

« Le souvenir ment : il rend les choses belles, alors qu'elles ne l'étaient pas ; parce que, autrement, la vie serait insoutenable. »

Valerio Mieli, <u>Ricordi</u>

Premier Chapitre

3h27 . Rencontre

Dans un tourbillon
à travers ton cœur,
je me suis noyée
c'était hier,
à trois heures, j'ai perdu pied
je suis tombée dans l'univers.
J'ai plongé
à l'intérieur
de mon cœur.

Dans un tourbillon,
il était trois heures,
j'ai effleuré le bonheur
lorsque on est tombé l'un.e sur l'autre.

6h53 . Ode à l'éveil

Embrasser ta peur,
envahissons la mort.
Envelopper ton corps,
dans des draps en or.

Sortir au-dehors,
oublier nos cœurs,
ta bouche engourdie,
                                            et mes larmes
et mes joues rougies
                                            et mes armes
et tes mains blanchies.

Sortir au-dehors,
pour ne pas se laisser aller
dans le ciel qui se meurt,
pour ne pas se laisser entraîner
par les nuits fauves.

7h19 . Precïus

Ta peau se teinte d'Or,
le soleil dépose une couleur
sur les volets et la chambre,
dans tes yeux en silence,
une couleur Or.
Le soleil retient la nuit
encore quelques instants.
De l'Or dans tes cheveux,
les étoiles s'éteignent.

J'oublierais tes yeux quelques heures,
pour les retrouver demi-clos,
posés sur moi lorsque
sera fini le plus doux des rêves.
Des fils de lumières
dérangent notre repos,
atteignent les murs de la chambre
et force à l'éveil.
Ils filent entre nos beaux rideaux
qui recouvrent nos étreintes.
Éteins la lumière,
atteins le ciel,
avec moi dans tes bras.

15h36 . Ma petite entreprise

Ma petite entreprise
rêve que tu te brises,
que tu t'ennuies
sur la rive
de mon cœur,
sur les côtes
en pleine chaleur,
que les rides du paysage
déforment ton beau visage.

Ma petite entreprise
rêve que tu te brises,
tombant pendant des heures
sur des rochers de malheur,
perdu dans les vagues
et toi,
dans le vague de mon cœur

Ma petite entreprise
attends le crépuscule
pour jaillir des abîmes.
Je t'aime et je m'abîme
cap vers le plein Sud
et vers mes certitudes.
Je t'emmène, je suis sûre
vers ma petite entreprise.

Deuxième Chapitre

2h51 . La folie

Lorsque tu n'es pas là
un petit bout de moi s'en va.
Et je n'arrive presque pas
à devoir m'y faire,
à ces nuits, livides
à ces draps, si vides.

Et je comble le temps
qui me sépare de toi
avec des visites, avec des gens,
dont je ne me préoccupe pas,
avec des histoires qui ne m'intéressent pas.

Mon cœur sans toi,
n'est plus vraiment moi.
Mon corps sans âme,
n'est plus vraiment à toi.

Je t'aime sans te le dire,
je souffre de te mentir,
je t'aime, c'est de pire en pire.

Les mots ne suffisent pas à suppléer
ce qui manque de moi.
Et je résiste à t'écrire, à te haïr
pour ce que tu ne fais pas.

Sans toi,
je me réfugie dans la chambre.
Sans toi,
je redeviens peu à peu instable. Suis-je malade ?
Donne-moi un peu de toi, sois gentil embrasse-moi.

Ma tour se brise en mille morceaux.
Ma tour glisse sur les flots de mes larmes.

Faire semblant encore et encore,
oublier l'espace qui nous sépare.
Deux jours, deux mois, je ne survivrai pas.
Le manque, le manque, je ne m'y ferais plus.
La douleur et l'aigreur, je n'ai connu que ça.

Il me fait trop mal et c'est trop tard :
Je me suis trop attachée.
J'ai déjà presque tout donné.
J'y ai un peu trop goûté.

Je t'aime à la folie et celle-ci m'emporte.

18h43 . La plage

Deux corps sous l'orage,
                une vie à s'attendre;
des étoiles sur nos visages,
                une vie à s'apprendre.

Un amour qui se croit insubmersible,
la pluie caresse nos peaux satinées.
Un océan qui s'est montré insensible,
je te cherche sans succès, les pieds usés.

On s'est endormis sans y avoir penser
le tonnerre de la réalité nous a rattrapé,
elle s'est envolée notre petite éternité.

11h11 . L'envol

Est-ce que l'amour s'étiole ?
Au balcon plus d'aubade.
Est-ce que le temps délit la passion fulgurante ?
Son goût devient fade.
La douceur s'en est allé
voir des paysages inconnus.
La caresse part à la rencontre
de terres que l'on n'a pas foulées.

Est-ce que l'amour s'étiole ?
Ou c'est moi qui suis folle
de toi, de notre histoire,
et de mes cauchemars.
Les matins ne sont plus intimes,
j'ai perdu le rythme
j'ai oublié la partition
et j'ai mal, j'ai mal.

Dans ma chambre,
je n'ai trouvé que des morceaux de nous ;
des écorces qui se sont détachées
et qui laissent notre chair à vif.
Nos rêves sont-ils rendus au néant ?

La plaie, la peine, la haine.
Je t'aime, trop, trop, trop.

Est-ce que l'amour s'étiole ?
Ou c'est la peur qui contrôle
mes mains qui tremblent,
mon corps qui semble
perdre le fil,
mon cœur qui tangue
il t'aime.
La nervosité ramène des souvenirs amers.
Avoue-moi tes fautes,
je n'aurais pas de peine à te dire au revoir.

Est-ce que l'amour s'étiole,
ou c'est moi qui perds pied ?
Je ne suis plus accordée à ton âme.

C'était si dur de t'aimer,
l'amour s'étiole.
Petite hirondelle,
prends ton envol.

21h48 . Reviens-moi

Reviens sonner à ma porte.
Je n'entends plus tes pas dans l'escalier.
Libre de toi tu me manques,
ne me dis pas que tu t'en vas.
J'ai fixé les détails sans oser rencontrer ton regard.
Je ne veux pas de la tristesse qui marque la fin du nous.
Je ne veux pas de ma détresse qui me fait espérer te voir.

Arriver,
courir avec ton cœur dans tes bras,
avec ton amour au bout des doigts
près à m'aimer,
à recommencer
ce que l'on n'a pas achevé.

Mais rien n'arrive,
le froid m'engourdit,
tu ne reviendras pas.
Aucune récidive,
tu n'as pas menti,
tu ne reviendras pas.

Troisième Chapitre

9h16 . Lettre à une femme

C'est une folie douce qui m'empare
quand mon âme t'envisage.
Tes yeux dessinent mon visage.
Dis-moi beauté sans âge,
as-tu déjà aimé comme je t'aime ?
Dis moi beauté sans âge,
accepteras-tu les défaillances de mon cœur ?

Il hurle à la mort,
                il pleure encore
                              les peines connues,
                                            les amis et âmes perdu.es.

Mais,
tes yeux apaisent mes maux
et nos mots s'entremêlent.
La mer coule dans tes yeux,
nos bouches s'unissent,
le soleil éclairant ta peau.

23h48 . La fuite

Tes yeux ont dessiné mon visage,
mais la pluie a effacé toutes les traces de notre amour
mais les liens sont défaits par l'orage mon cher amour.
Je cherche en vain ta bouche dans la grisaille.
Je cherche en vain ton ombre dans les nuages.

Tes yeux ont dessiné mon âme
mais depuis que tu es partie
sous un ciel d'été, je n'ai plus su vivre
je ne suis plus qu'ivre des jolis mots,
écrits il y a quelques mois,
lorsque tu partageais encore mes draps,
écrits pour une âme maintenant enfuie.

Écrit à quatre mains qu'il est doux ce refrain.

Tellement d'étoiles dans tes yeux.
Tellement d'étoiles dans les cieux.

4h26 . On tourne les pages de nos livres sans même les lire.

L'amitié ne meurt pas comme l'amour,
j'aime croire qu'elle subsiste toujours.
Elle naît et survit à chaque ouragan,
alors préparons-nous
au prochain tournant,
à la prochaine bataille.
De toute façon,
on est bien trop fortes pour chavirer.

Quatrième Chapitre

17h56 . Les vagues de mes envies

Les vagues de mes envies
dessinent les formes de mon cœur,
devinent les formes de mon cœur.

Le cours de l'eau rejoint ton bateau.
Et très bientôt, deux formes sur l'eau.
Les lignes de nos corps
enfin réunis
plus jamais désunis.

Le courant emporte les mauvais rêves
les angoisses coulent et caressent le sable.
J'ai failli moi aussi y rester, avec mon âme.
Je contre les vents pour rejoindre la rive.
Attends- moi, je t'en prie,
promis, j'y arrive.

Ne me lâche jamais la main dehors,
j'ai trop peur.

4h44 . Quatre mains

J'ai commencé une histoire
j'ai sauté trop de pages,
je désirais, je voulais en abondance.
Je ne savais rien de lui,
lorsque je n'ai plus senti sa présence
j'avais déjà tout détruit.

J'ai écrit un ou deux chapitres
le reste est tombé dans l'oubli.
Le livre est sur mon étagère
la fin me paraît amère.
Sais-tu comment on efface
l'encre qui tache et ses traces ?

Un refrain
écrit à quatre mains,
ne serait-il pas plus beau ?
Un refrain
une dernière nuit, après promis
je lâche ta main.

Les mots ne s'envolent pas
comme les feuilles d'érable.
Ils restent accrochés
à nos cœurs rancuniers.
La peine coule entre les larmes,
le corps court après son âme.

Un refrain à quatre mains
une histoire qui finit bien.

C'est plus simple si c'est toi qui me dis « tu t'en vas ».

15h32 . Banc public

Cela fait déjà un an
que les amoureux sur le banc
se sont séparés, se sont délestés,
de leur histoire.

Cela fait déjà un an, que je reste là.
Dans l'attente d'une entente
Dans la tendresse de l'ivresse.
Je crois que je l'attends.
Maintenant, c'est sûr
je n'arrive pas à faire semblant,
à me défaire de mes sentiments.
Mon cœur restera là-bas.
Il y est, tous les jours.

Cela fait déjà un an,
que j'attends patiemment
que mon cœur se répare,
lentement que ma tête
t'oublie doucement.
C'était si facile quand tu étais là.
Mes chagrins sont trop tenaces,
La plaie est-elle trop vivace
pour laisser un peu de place
à un autre que toi, à un peu d'audace?

Cela fait déjà un an,
que tout tient en équilibre,
que je m'épanche sur ce banc
à me raconter nos amours d'enfants.
Je resterais, plus, si tu me laisses penser
que tu veux bien essayer, recommencer.

Cela fait déjà un an,
je reste, je m'enlise sur ce banc
où résident les histoires d'antan
j'ai été trop naïve,
il doit finir ce livre.

00h00 . Caloub

Serait-ce la même histoire qui se dessine entre nos mains?
Le même chemin,
toujours pour te trouver
la même fin, pour toujours.
Aurai-je à te dire les paroles douces et rances
qu'ils ont, eux, les autres, déjà entendus ?

Ma naïveté me joue bien des tours.
Le bonheur est à quelques pas.

Provisoirement, je sais oublier ma peur.
Provisoirement, je sais aimer ton corps.
Provisoirement, je sais lire tes yeux.

Le bonheur est à quelques pas mais je n'en veux pas.

J'ai pris beaucoup de détours
pour éviter de te dire mon amour
que tes larmes vont couler, c'est sûr
que nos têtes vont défaillir, c'est sûr
sous le poids de nos cœurs.
Vite, vite que le temps passe,
je ne veux pas être blessée.
Je saurais bientôt si mon cœur t'as choisi.

Mais,
Temps ne vas pas si vite,
je n'ai pas profité
Finalement, je suis décidée,
je veux l'éternité.

Caloub,
Je n'attendrai pas la nuit
car elle sonne la rupture.
je saurais bientôt comment dire adieu;
car ton cœur n'est pas à moi.
C'est déjà la fin de nous deux.

Cinquième Chapitre

14h26 . C'era una volta

Dans les ruelles mon âme se visite,
Entrée libre, je suis à cœur ouvert
Rentrée ivre sous un ciel couvert.

Je vis selon le jour,
Je me nourris d'amour.
Je ne résiste pas à l'absence.
Je me brise et je crie en silence,
me battant contre les vagues
qui veulent m'éloigner de toi.
Alors ce matin, restons dans les draps
n'envisageons rien que nos âmes dans la nuit.

Je te promets mon cœur,
Je me livre à toi.

18h39 . L'orage

Pourquoi je redoute tant l'absence ?
L'espace qui sépare les corps,
les mots qui séparent les cœurs,
la distance se poursuit
et la plaie s'agrandit.

Je te sens éparpillé dans la chambre,
tu t'enfuis par la fenêtre.
Tu t'ennuies de mon être,
tu simules pendant des heures.

Moi, j'ai repassé les couleurs
délavées de notre amour,
diluées dans les larmes :
le pourpre est parti
le bleu m'a menti,
comme toi quand tu as dit je t'aime aussi.

Les murs, eux, assistent en silence.
Ils ne peuvent rien contre mes pleurs.
La maison toute entière en tremble.
Le vide m'emplit,
le vide est rempli de toi
mais moi
je n'ai plus rien et sans tes bras…

Je constate nos erreurs
et je te vois, le malheur.
Tu es arrivé en douceur,
te glissant dans mes draps,
t'enroulant autour de moi.
Reviens vite,
Je crois que je me noie.

J'ai vu dans tes yeux
que tu étais heureux,
"Oui, mais"
Le mais est un obstacle qui a créé des vagues,
lorsqu'on croit au bonheur,
il déclenche les tempêtes
qui s'abattent sur nos têtes.

Il pleut partout cette nuit,
tes yeux luisent
et moi, je puise
mes dernières forces.

Je m'accroche à l'espoir,
Je te laisse le temps que ton cœur se répare,
Je fais si bien semblant, que mon cœur s'arrache.

                                        Et même si je suis blessée à vif,
                                                je hurle que je suis en vie.

23h32 . 23320

Les âmes se délient, mon amour j'ai menti.
Les fleurs ne sont pas prêtes
et mon cœur qui s'arrête…

L'absence enfle l'abcès,
c'était à nous de jouer.
La haine et nous séparent nos mains
et bientôt, demain
le nous ne survit pas.

On attend l'autre ou
                on fuit l'autre.

L'amitié a disparu,
c'est au tour de nos corps,
désarmés, désengagés.
Le nous n'existe plus,
le printemps s'est tu.

Nos âmes se délient et mon cœur a menti,
je ne sais pas si j'ai mal
mais tes bras ne seront plus pour moi,
ma petite vie s'en souviendra…
que nos âmes se délient,
que toi aussi tu m'as menti   et que l'amour ne suffit jamais à nos vies.

2h02 . Dégâts

Brûle tes ailes
avant que l'amour ne t'embrase.
Brûle ton âme
pour qu'il ne te la vole pas.
Brûle ta tête
pour ne pas avoir à penser
à la fin, à demain, à ses mains.
Pour oublier plus vite
que ça ira trop vite,
que nos corps stupides
ne se comprendront plus un jour,
qu'ils ne s'attachent pas pour toujours.

Brûle ta bouche
avant qu'elle ne soit plus qu'à lui.
Tu dois garder des mots pour exprimer ta peur.
À la connaissance de tes yeux,
à la rencontre de ta peau,
je ne dois pas me laisser aller.

Brûle tes ailes,
petite fille souviens-toi du ciel.
Le jour où tu l'as rencontré
c'était un rouge foudroyant,
c'était un soleil avenant.

Brûle tes ailes,
tu dois briser les contours
de ta tour d'argent,
de ton cœur absent,
pour limiter les dégâts de l'amour.

5h03 . Le jeu

À bout de forces,
aimer aveuglément
et se perdre dans ses sentiments,
s'obliger à jouer
jusqu'au dernier tour maintenant.
À bout de forces,
tomber dans votre jeu et tomber dans le vide.

À bout de forces,	j'épuise les larmes.
À bout de forces,	je retiens les coups.
À bout de forces,	j'oublie la douleur
	de n'avoir aucun bonheur.

Je laisse les rêves s'évanouir,
ma tête ne veut pas se souvenir.
Éphémère moment où mon corps
croit ressentir ce qu'est l'humanité.
Peut-on arriver à se tromper soi-même ?
Peut-on arriver à détruire toute vérité?

La vie tissée à un fil
je m'accroche, volubile.
Je serais toujours aussi fragile,
à bout de forces.

16h09 . Glasgow

Des coquelicots et des jolis mots
j'ai suivi tes pas dans la neige
tu avais une écharpe rouge
je portais un manteau beige.
Tu m'as dit « attends ne bouge pas ».
Je n'ai jamais trouvé les photos.
On a marché des heures
dans des allées à peine éclairées,
tu m'as promis de ne pas me briser
et tu m'as offert des fleurs.

Des coquelicots et des jolis mots
dans les rues de Glasgow.
Fais-moi danser, j'ai dû le rêver.
Fais-moi danser, j'ai dû oublier.
Tes pas sont effacés par la neige
j'ai couru jusqu'aux galeries
il paraît que tu étais déjà parti.

Mon amour, raconte moi
encore cette si belle histoire,
des amoureux de Glasgow.

7h77 . *ToiMoi*

agosto
À ta fenêtre,
je rêve d'être à tes bras et
je deviens celle qui t'aime
et qui excelle à être
                          à ta fenêtre.
La nuit tombée,
enlace-moi rien qu'une fois,
encore du temps
et pour long/temps.

ottobre
À ta fenêtre
je désire devenir celle, qui
pour toute une vie
va partager ton lit,
mais cette nuit
tes yeux vides
marquent ici
                          la limite de notre amour.
À ta fenêtre,
se lassent des êtres,
passent les heures,
je demeure
à la fenêtre,   seule.

Je crie que je t'aime
je réussis avec peine
à ne pas sombrer dans la peur
                                      de voir ton sourire s'enfuir.
Je réussis même à oublier la peine d'hier
lorsque, à ta fenêtre,
j'étais effrayée d'être pour toi
celle qui peuple tes nuits
celle qui suit tes envies.

dicembre
Je me retrouve seule
après quelques semaines
à la fenêtre, tout est changé,
tu me sais, tu me laisses.
Regarde si à ta fenêtre,
                                      il y a toujours l'ombre de celle qui t'aime.
Elle parcourt du bout des doigts
la peau que bientôt elle ne reverra pas.

febbraio
À la fenêtre
tu m'offres les roses de notre amour
pourquoi as-tu dessiné ses contours? Une prison parfumée, mais
                                      regardez ce joli couple
on voit deux êtres
à travers la fenêtre
deux ombres, et sans doute
des âmes qui rêvent d'août.
À ta fenêtre
disparaissent les angoisses
au rebord, elles trépassent,
et ils ne restent que les étoiles de ta nuit
qui nous envoient les toiles de nos envies
Alors, demeurons près du ciel,
                            promets-moi un rêve.

aprile
À la fenêtre,
je t'ai dit je t'aime   et je t'oublie.
Je t'ai maudit,
à la fenêtre,   j'ai menti
je leur ai dit, je t'aime aussi.
Mais j'attends l'été, je passe les jours
qui me séparent de mon amour,
j'attends l'éveil du soleil
de tes yeux endormis qui rêvent de la nuit.
                        À la fenêtre de ma vie,
                        j'ai attendu l'éclaircie.

maggio
Au bord de nos êtres, c'est le vide
qui m'emplit
il me remplit
du manque de toi.
À la fenêtre,
ma cachette, tu pars toujours,
tu me laisses, la nuit, le jour.
Je me traîne à la fenêtre,
j'attends que tu sois prêt à être en émoi.

                                                         La lune éclaire ton absence,

mon cœur te demande mais
à ma fenêtre, tu n'es pas là.

luglio
Tu as disparu,
la porte est restée ouverte
la plaie a été recouverte   de larmes séchées.
La douleur, elle s'efface
mais mon cœur hurle,
tu lui as menti :   "on s'est tout dit".
Tu récupères les restes de notre amour
à ma fenêtre,
il n'y a que l'ombre de nous
et l'automate du répondeur.

Le vent qui souffle
disperse les morceaux de toi
à ma fenêtre, tu t'envoles
tu dis que la colère va nous détruire
toi, tu n'avais qu'à pas le vouloir.
Je veux te haïr , je me suis fait avoir
pourquoi je nous sentais si spéciaux.

agosto
À ta fenêtre,
je ne serais pas celle
qui pardonne les erreurs passées,
les blessures sont encore rouges.
À ta fenêtre,
je vais te laisser, je vais te manquer
j'ai du mal à finir ce qui a commencé.
À ta fenêtre,
on s'est embrassé
tu m'as déchiré,

                                                                          à la fenêtre
                                                                     notre vie a passé.

Livre Troisième

« Suere » ou
L'Apprentissage

« *Dans un élan de rage aveugle, je pris à deux mains une très grosse pierre, et la levant d'abord au ciel, je la lançai vers les planches pourries qui s'effondrèrent sur le passé. Il me sembla que je respirais mieux, que le mauvais charme était conjuré.*
Mais dans les bras d'un églantier, sous les grappes de roses blanches et de l'autre côté du temps, il y avait depuis des années une très jeune femme brune qui serrait toujours sur son cœur fragile les roses rouges du colonel. Elle entendait les cris du garde, et le souffle rauque du chien. Blême, tremblante, et pour jamais inconsolable, elle ne savait pas qu'elle était chez son fils. »

Marcel Pagnol, <u>*Le château de ma mère*</u>

Premier Chapitre

L'appartement

Quatre pièces et un couloir
sont vides de tout espoir.
Des fantômes du passé
et quelques étrangers
se traînent dans ses pièces.

Une décoration désuète,
un portail vers mon secret :
ils sont tous partis un par un.
Ils ont fermé la porte sans vraiment réaliser
qu'ils ne reviendraient pas,
parfois une fois par mois,
quelque chose comme ça.

On se retrouve pour un dîner,
on se parle sans se confier
on s'aime sans le montrer.
"T'exagères" est la seule réponse
de ceux qui ont laissé pour compte
la jeune fille dans sa chambre.

Les pièces sont baignées par le froid,
le temps a peu à peu geler son âme.

Alors elle range chaque soir
son cœur dans un placard,
elle ne croit plus en leur retour.
Après la rupture,
tous, ils sont partis,
tous ont reconstruit
ce qu'ils ont perdu ce soir-là.
Tous oui, sauf elle
qui hérite de la plus grande cicatrice.

Un faux-semblant d'appartement,
des meubles qui sentent le souvenir
des murs qui ne font que lui mentir.

Et ces pièces empoisonnent tout.
Et ces pièces l'emprisonnent elle.

la barre des 1800 mètres d'altitude

Petit à petit la montagne est devenue colline.
On voit à peine la cime des grands sapins
Plantés ici jour après jour,
Une trace d'elle, toujours,
La grande montagne s'est effondrée
sous les vagues, après avoir lutté.

On l'avait pourtant prévenue.
On l'a vu engloutie et perdue.
On l'a vu disparaître, la têtue.

La grande montagne se pensait plus forte
La grande montagne voulait affronter la tempête.
L'edelweiss s'est évanouie, même elle
ne survit pas, l'immortelle des neiges
ne verra plus son cher ami, le soleil.
La grande montagne lorsqu'elle a faibli,
avant de mourir, je l'ai entendu, m'a dit :
" ne t'arrête pas ici,
grandis plus haut ton cœur
le vertige n'est qu'un leurre
de la vie qui te veut morte."

Deuxième Chapitre

sweater

J'ai rêvé de l'amour
dans un pull avant à toi.
J'attends tous les jours
des nouvelles du vrai moi.

J'ai peur du parcours,
je le fais à contre-courant.
Encore un peu de vagues,
encore un peu de larmes.
J'ai peur du parcours,
je le fais à contrecœur,
je ne veux pas briser le mien.

J'ai rêvé de l'amour
dans un pull avant à toi.
J'ai attendu tous les jours
d'être à nouveau à toi.

Je suis tombée amoureuse en octobre
Lorsque tout se tord et devient bleu
Lorsque que même le ciel se meurt.

Il y a ton odeur partout.
Sur les draps, il reste l'odeur après la fête.
Il y a tes mots surtout
à l'encre dans des lettres et ancrés dans ma tête.

Il y a ton odeur partout.
Toi, tu habites mon cœur.
Je veux tes yeux railleurs
et notre maison à nous.

Deux âmes ailées, des étoiles alliées,
tu resteras malgré tout?

variante

Il y a ton odeur partout
sur les draps, il reste l'orage après la fête.
Il y a tes mots sur tout,
à l'encre dans des lettres et ancrés dans ma tête.

Il y a ton odeur partout,
tu habites dans mon cœur.
Encore un seul matin
je veux te retrouver
et reprendre ta main.
Juste une soirée,
mais on s'est déjà perdues.

Il y a ton odeur partout,
elle s'accroche aux draps.
Elle a résisté malgré le temps,
immobile comme une ancre.
Je n'arrive pas à détruire
ce peu qu'il me reste de toi.

Nos âmes se sont aimées
deux étoiles, implosées.

"ombres chinoises"

Sur les murs de la chambre éclairée,
il y a tes lèvres qui se dessinent.
Sur les pages entières de mon carnet,
il y a ton corps qui dégouline.
Sur mes draps, mais toujours en secret,
je rêve de tes yeux, je rêve de tes mains.
Il y a ma peur qui empêche toute mon âme
de te crier que c'est toi que je veux.
Nos deux têtes sur l'oreiller,
ton souffle sur ma poitrine,

                                              tu résonnes jusque dans mon cœur.

Sur les murs de la chambre,
en secret mes pensées se sont toutes emmêlées,
saisis les mots qui volent sur le papier,
saisis ma main qui coure sur ton poignet.
Les ombres de nos deux cœurs
subissent la lumière de six heures.

À cet instant, allongée,
je flottais parmi les étoiles,
je respirais avec difficulté
les premiers instants d'été,
la nouvelle vie qui commençait, avec toi.

Desiderio

Nue sous ma robe
l'amour semble léger.
Nu sous l'écorce
le cœur paraît, blessé.

Tes mains sur mes cuisses
et l'amour, qui est en lisse.
Qui sortira vainqueur
de la quête du bonheur?

Une course contre la montre,
deux cœurs qui s'essoufflent.

La chapelle

J'ai voulu écrire ton regard
celui du mois d'août
qui caressait chaque parcelle
de mon âme dissoute
celui qui me noyait dans le soleil
d'été, j'ai failli y laisser mes ailes.

Je veux enfermer ton parfum
dans l'une de ces boîtes en satin
qui recèle les plus beaux trésors.
Je serais Pandore et j'aurais en main
le pouvoir de mon histoire, enfin.

L'immensité du paysage,
m'a volé tous mes présages.
Désormais il est trop tard
le soleil a rejoint la mer,
tu n'es plus devant l'autel
je tourne autour de ta terre.

Les branches d'oliviers
me couvrent d'une douce forteresse.
Mon cœur bat fort au tempo du vent
comme un tambour, il tombe en amour.
Ça frappe sous ma poitrine, c'est l'ivresse.
Je te le donne et il étouffe, sans tendresse.

Troisième Chapitre

La gare

Dans la gare de mon cœur,
les rails se resserrent.
Je n'ai presque plus peur,
les failles se referment, doucement
je donne ma confiance, lentement.
La barrière explose de bonheur,
tout autour de moi
poussent les plus belles fleurs.

Dans la gare de mon cœur,
j'ai raté de trop nombreux trains,
à travers le brouillard du matin
effacer les traces et cacher les armes.
Fauchée par la vitesse du temps,
j'ai failli ne plus jamais y revenir.

À la gare de mon cœur,
j'oublie peu à peu les départs
qui avaient brisés mes rêves.
Leurs noms sont recouverts de lierres,
les cicatrices ont de beaux pansements,
tapissées de lilas devenus leur cimetière,
les angoisses dorment pour longtemps.

Dans la gare de mon cœur,
on se prépare pour les adieux.
Les aimés m'enlacent, une ultime fois
J'ai eu tant de chance avec toi, je crois.
Des nuages couvrent les larmes d'amour
j'ai trouvé ceux qui m'accompagneront,

                                           pour toujours.

Il y aura, à jamais à la gare de mon cœur,
des amours inachevés, des amitiés retrouvées.
Ma mère, je suis sûre y arrivera, bientôt.
Elle est quelque part, perdue, sur un quai.

L'ancre ou les creux du cœur

J'aperçois encore un peu de toi
sur ma peau, tu t'effaces lentement,
il reste un peu de nous.

Les souvenirs résident dans le creux des paumes.
Les souvenirs résistent même si arrive l'automne.

Je crois sentir ta main parfois
je tends alors la mienne dans le vide.
Je commence à comprendre le jeu mais
il est bien moins drôle sans toi.

Atlas

Je suis devenue une étrangère
dans les rues de ta ville.
Depuis que je ne suis plus tienne
je me dis qu'il faut te haïr.
Depuis que tu n'es plus mienne
je n'ai fait que leur mentir,
à leurs questions, il y a ma rengaine :
"Les histoires d'amour finissent toujours mal,
alors mieux vaut le plus tôt possible".

Je ne vois plus personne dans le miroir.
Le reflet ne projette que des images de toi.
Plus personne ne me reconnaît,
ai-je disparu comme notre histoire ?
Ai-je fini dans tes souvenirs oubliés ?

Je suis revenue dans les rues de ton cœur
les ruines s'effondrent à mon passage.
Tout le monde écoute et attend la chute
le sol approche, il y a moi et le béton brut.
Je tiendrais coûte que coûte
jusqu'à la dernière des notes
je tiendrais tout les comptes
jusqu'au dernier jour, sombre.
Tous autour connaissent notre histoire
dis, ont-ils compris aussi ton au revoir ?

Je n'ai que notre chanson
en tête elle tourne en boucle
comme une rengaine.
Je t'aime, malgré la haine.
Je t'oublie, mais je peine
à effacer les peines et les je t'aime.
Alors au final toutes les deux on s'haine ?
Je suis une étrangère dans les rues de ta vie,
je ne suis plus à ton bras, les luminaires s'éteignent
même le joli café a fermé, je n'ai plus d'endroit où aller.
Je ne pensais pas un jour me sentir une intruse chez toi.

Je cours aux frontières de ta ville,
je veux retrouver ma maison,
Il y a-t-il encore un chez-moi?

Quatrième Chapitre

Sans titre

Un nouveau carnet,
une page volante,
un nouveau document sans titre.

Ils m'attendent tous.
Quand est-ce que tu nous fais naître ?
Quand est-ce que tu nous dessines ?
Quand est-ce que tu vas nous crier ?

Le curseur clignote dans le vide de la page :
"Que peux-tu écrire de mieux" dit le clavier.
"Tu as déjà épousé les plus beaux mots" dit l'encre.
"Tu n'as rien vécu d'exceptionnel" dit le Critérium.
La trotteuse résonne dans le fond de l'âme.

Le quotidien m'a dévié des collines de mes rêves,
l'habitude a défait le lit des envies et des écrits.
Comment retrouver le chemin jusqu'à la maison?
Comment rattraper le temps perdu et ma raison ?

Je veux des mots pour vivre.
J'ai envie d'une chose, écrire.

Un Nid

Pierre par pierre,
déraciner la peine,
planter les graines
de nouvelles fondations.
Il faut de grandes fenêtres
pour laisser passer le jour,
le bonheur viendra bientôt.

Pierre par pierre,
faire le deuil des vivants,
des exilés de la tour,
extirpés de l'amour.
Écrire des chansons
apaisant la colère.

Pierre par pierre,
on dévoile un Eden.
Les racines démêlent
les vers découverts.
L'odeur de la paille coupée et
la torpeur du paradis, retrouvé.

Ναυσικάα

Elle s'en allait enveloppée de son destin
une longue robe pourpre, faite à la main.
Lorsqu'elle parle, c'est juste une actrice,
elle dit : "C'est pour cacher les cicatrices".

Elle s'en allait enveloppée de son chagrin,
des jolies bagues recouvrent ses mains.
C'est un costume revêtu à tout jamais,
elle déguise son corps et en secret
rêve de se détacher de sa renommée.

Elle n'a que faire des vagues et du salin
elle longe son Vieux-Port au petit matin.
Elle veut braver les tempêtes,
elle veut braver les hommes,
à en perdre la tête,
à oublier l'idiome
de son village, se souvient-elle d'où elle vient ?
Tout ce que je sais, c'est qu'elle et son chagrin
filent malgré les incessantes suppliques :
"reste !" "je t'en prie, Nausicaa reviens."

Elle s'en va enveloppée de son destin
elle marche doucement, elle vole presque.
Elle tangue légèrement, une jolie fresque.
Sa flamme vacille, elle reprend le chemin ;
coûte que coûte, elle marche et maintient
sa destinée vengeresse, un goutte-à-goutte
qu'elle parsème tout autour d'elle;
désirant cacher les tâches du mal
celles qui sont plus noires que l'encre
celles qui ont réussi à noyer son cœur.

Elle aura toujours peur lorsque la nuit vient,
même si elle aime jouer à l'invincible,
Car il y a de ces failles, annihilatrices.

Elle s'en ira enveloppée de son chagrin,
son navire défiera les vents, infatigable,
elle se rebellera contre tout, inébranlable.
Son courage est comme une rague,
il reste sur ses côtes telle une dague.
Elle s'apprête à diriger sa vie
traversant les écumes,
oubliant ses rancunes.

Elle aura toujours peur lorsque la nuit vient,
mais bientôt, elle arrivera dans sa lagune,
mais bientôt, il n'y a plus qu'elle et la lune.

Facettes

Tu es une petite femme brisée
qui cherche des mots pour s'envoler.
Une petite matriochka qui n'a cessé
de croire à ces naïfs contes de fées.
Iel a déjà défait mille et une épaisseur,
la·le laisseras-tu un jour, sentir ton cœur?
Mais lui ou elle, ça ne compte pas.
Alors danse et fais comme si tout ça
au final ne t'inquiétais pas, vas-y danse.
Continue de chanter de tout soul,
continue de hurler telle une damnée.
Personne ne saura qui tu es vraiment
et c'est bien ça qui t'angoisse,
des années que ça t'écorche.

L'échec te tétanise, mais es-tu bien sûre d'avoir une fois échoué?
Tu les mènes tous par le bout du nez, ne le vois-tu donc pas?

Un visage pour chaque personne rencontrée,
tu préfères te cacher aux autres, même à toi.
Tu ne te dis pas tout, tu essayes de te mentir.

Tu es une petite femme brisée
qui cherche des mots pour s'envoler.
Mais tu les trouves bien trop souvent.
Ils te font disparaître, sous les rimes
il y aura la dissonance de ton abîme.
Tout est déjà écrit, dans tes carnets.

Petites Annonces

RECHERCHE

Un corps sans histoire.
Un non-meublé, tout propre
avec le soleil même le soir
avec de grandes fenêtres sur la ville.
Je veux voir défiler le temps de ma vie.
Un deux-pièces ça suffit amplement et
des murs blancs qui n'attendent que
mon dessein, ma mémoire.
Des murs blancs, plus pour longtemps,
mes dessins les couvriront, bientôt
de bonheur
de couleur.

RECHERCHE

Un corps qui bat les tempêtes,
un qui sait quand s'arrêter.
Un qui sait frapper, qui sait crier.
Un corps qui réussit à nager
jusqu'aux îles promises.
Le bonheur, prémices
de la vie, celle sans vices.
Une nouvelle enveloppe,
qui n'est plus difforme,
et repousse les cauchemars
comme un petit canope,
qui garde à jamais mon âme.

Journal Dissidence N°666

RECHERCHE

Un corps sans travaux.
Je n'ai pas la force
d'user mes bras,
d'user des mois,
ce nouveau corps.
Un corps sans hypothèques,
traumatismes ou dégâts des eaux.
Un qui supportera les petites nuits,
les sauts du lit et les intempéries,
un qui vivra de jour comme d'ennui
comme si c'était son dernier tour
d'ailleurs, il ne vivra que d'amour.

RECHERCHE

Une âme à aimer.
Un corps à protéger.
Des bras pour se cacher.
Recherche une compagnie
pour vivre mieux tous les deux.
Recherche une âme
qui veut rejoindre mon bateau.
Viens, on s'en va, demain.
On est déjà trop vieux…
La spontanéité nous fuit
alors recherche une âme
avec qui s'échapper du temps.

© 2021 Capucine Magy

Édition : BoD – Books on Demand, 12/14 rond-point des Champs-Élysées, 75008 Paris

Impression : BoD – Books on Demand, Norderstedt, Allemagne ISBN : 9782322200535

Dépôt légal : mai 2021